# Die abenteuerlichsten Erstlesegeschichten

# Die abenteuerlichsten Erstlesegeschichten

Arena

1. Auflage 2020
© 2020 Arena Verlag GmbH
Rottendorfer Straße 16, D-97074 Würzburg
Alle Rechte vorbehalten
Einbandillustration: Uli Waas
Gesamtherstellung: Westermann Druck Zwickau GmbH
ISBN 978-3-401-71614-5

www.arena-verlag.de

# Inhaltsverzeichnis

Sandra Grimm

Lasse wird Wikinger             11

Sarah Bosse

Der kleine Pirat und
die geheimnisvolle Schatzinsel     57

Frauke Nahrgang

Das kleine Schlossgespenst
lernt spuken          103

**Sandra Grimm**
wohnt mit Mann und Kindern in Norddeutschland.
Sie schreibt seit vielen Jahren Bücher für kleine und
größere Leser. In ihrem Kopf tummeln sich ständig neue
lustige und spannende Geschichten, die zu gerne
erzählt werden möchten …

**Mechthild Weiling-Bäcker**
studierte an der Fachhochschule für Design
in Münster. Seit 2000 arbeitet sie als freie Illustratorin
für verschiedene Verlage. Sie lebt mit ihrer
Familie in Münster.

# Sandra Grimm / Mechthild Weiling-Bäcker

# Lasse wird Wikinger

Arena

Im   der wildesten

des nördlichen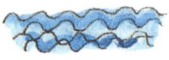

hat gerade der  gekräht.

Schon ruft der stolze

seine tapferen  zusammen:

„ ahoi!

Unser  liegt bereit!

Wir wollen übers  segeln

und ferne  entdecken!"

Da stellt sich Lasse ,

der mutige kleine ,

vor den großen .

„Darf ich auch mit aufs  ?",

fragt er sehnsüchtig.

13

Der  lacht.

„Du kleiner  ?", sagt er.

„Nein, du bist doch noch

gar kein richtiger  !

Du hast keinen  ,

kein  und keinen  .

Außerdem hängst du auf dem

sicher immer über dem  ,

weil dir übel wird!"

Die anderen  lachen.

Doch  sagt mutig:

„Woher wollt ihr das wissen,

wenn ich es nicht beweisen darf?"

Der  kratzt sich

in seinem roten  .

„Da ist was dran", murmelt er.

 strahlt. Sein  klopft aufgeregt.

„Bitte, lasst mich mitfahren!",

bittet er die großen  .

„Dann verdiene ich mir den  ,

den  und ein  !"

„Als ob das so einfach wäre",

brummt der alte Wikinger Jonte  .

„Ein  bekommst du erst,

wenn du einen feindlichen  besiegst!"

Die anderen  grinsen.

„So ein kleiner  wie du

schafft das niemals!"

Sie lachen mit offenem  ,

sodass man alle  sehen kann.

Aber  antwortet:

„Jaja, das weiß ich doch!

Und ich weiß auch,

dass man einen  erst bekommt,

wenn man ein wildes  bändigt.

Und einen  , wenn man

einen eigenen  gerettet hat.

Aber das kann ich bestimmt schaffen!"

 zappelt aufgeregt mit den  .

Der   schaut ihn lange an

und überlegt. Dann nickt er.

 darf tatsächlich mit aufs  !

Kurz darauf setzen die  die  .

Der  bläst stürmisch, und

das große  schwankt gefährlich.

Aber  steht ganz ruhig an

und sieht auf die  .

Ihm ist kein bisschen schlecht!

Der dicke  dagegen

ist ziemlich grün im  !

Plötzlich zeigt  aufs  .

Feindliche   !

Ihr   kommt rasch näher.

„Ergebt euch, und dann her mit den  !",

schreit ihr   .

Und schon klettern sie

mit ihren   herüber.

Alle  kämpfen

mit und .

Nur  versteckt sich noch.

Er hat ja kein !

Da fällt  etwas ein.

Er klettert heimlich auf den

und guckt nach dem feindlichen  .

Dann lässt er sich mutig

auf dessen  fallen

und hält ihm die  zu.

„ und 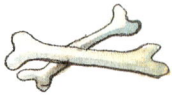 noch einmal!",

flucht der fiese  .

Blind rennt er über das  .

Autsch! Er stößt mit dem

gegen den dicken

und plumpst um.

Die anderen feindlichen

reißen erschrocken die  auf.

Ohne ihren  wollen sie nicht kämpfen!

Schnell flüchten sie mit ihrem  .

 kann es kaum glauben:

Sie haben tatsächlich gewonnen!

Der alte  hebt  hoch.

„Du hast ihn besiegt, ohne  !

Hoch lebe der mutige  !"

Alle  klatschen und jubeln.

Und der

zieht ein kleines

aus seinem  .

„Hier, das hast du dir verdient",

sagt er lächelnd.

 jubelt.

Das war schon richtig mutig –

fast wie ein echter  !

Stolz hält er das  hoch.

Doch da reißt er plötzlich

die  auf: Vor ihnen streckt

ein riesiges

den  aus dem 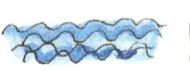 !

„Hilfe! Wir sind verloren!",

schreien die  .

 denkt an den  ,

den man bekommt,

wenn man ein wildes  besiegt.

Er beißt sich auf die

und kratzt sich am  .

Plötzlich springt er auf.

Aus seinem   kramt er

die  hervor.

Dann sucht er einen  .

Auf dem  liegt kein  ,

und in seiner  findet er nur

einen schrumpeligen  .

Damit muss es auch gehen.

Die anderen

stehen immer noch wie erstarrt an  .

Auch  klopft das  .

Das  senkt schnaubend

seinen großen

zum  hinunter.

Da schleudert

den  mit der  .

36

Er trifft das

mitten an der  .

„Urggh", macht es, schielt kurz

und kippt dann einfach ins  .

„Du hast es besiegt,  !",

rufen die  erstaunt.

Der dicke   überreicht ihm

seinen wunderschönen  .

„Bitte. Ich brauche sowieso einen neuen

für meinen dicken 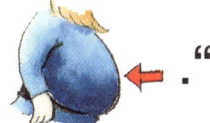 ."

Stolz sitzt mit

und an .

Bald ist er wirklich ein echter  !

Sie segeln weiter durch die  .

Auf einmal ziehen dunkle  auf.

Es stürmt und regnet.

Das  wird hin- und hergeschleudert.

Dann rummst es gewaltig.

„Beim heiligen  ,

wir haben ein riesiges  im  !“,

brüllt der  erschrocken.

Die  versuchen mit ihren  ,

das  aus dem  zu schöpfen.

Aber das reicht nicht.

Das  läuft mit voll

und kippt gefährlich.

 denkt kräftig nach.

Dann ruft er laut:

„Nehmt einfach  !"

Die  sehen ihn fragend an.

„Was will der kleine  ?",

fragt  mit gerunzelter  .

„Du musst dich in das  setzen",

sagt  aufgeregt.

„Mit deinem dicken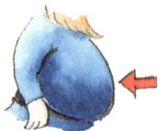

kannst du es doch stopfen!"

Und ehe  sich versieht,

stecken die anderen  ihn

mitten in das  . Nun ist es

wie mit einem  verschlossen.

Die  schaufeln schnell

das  aus dem  .

Und  hat recht:

 stopft das  prima.

Kein  läuft mehr hinein!

Da hört auch der  auf,

und die  verziehen sich.

„  hat uns alle gerettet!",

jubeln die  .

Der  staunt:

„Du bist wirklich ein schlauer  !"

„Bekomme ich jetzt den  ?",

fragt  begeistert.

„Natürlich!", nickt der  .

„Und weil unser

den kleinen  erst schmieden muss,

bekommst du solange meinen!"

Er setzt  seinen  auf.

Der rutscht ihm über die  .

Da ruft  :

„Und was ist mit mir?

Ich hab kalte 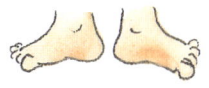 !"

„Wir segeln zurück ins  ",

sagt der  .

„Dort bekommst du warme  ."

Sie feiern so wild,

dass das ganze  wackelt.

Die  grölen und lachen.

 lacht auch.

Mit weit offenem  ,

damit man seine  sieht.

Denn jetzt ist er doch

ein echter  !

Mit  und  und  .

# Wörter zu den Bildern

Dorf

Fisch

Wikinger

Helm

Meer

Entermesser

Hahn

Schild

Wikingerhäuptling

Geländer

Bart

Schiff

Herz

Inseln

Wikinger Jonte

Lasse

Mund

Zähne

Tier

Arme

Segel

Wind

Deck

Wellen

Gesicht

Schätze

Säbel

Mast

Schultern

Augen

Totenkopf

Knochen

Kopf

Waffen

Wikingerjunge

Gürtel

Seeungeheuer

Wolken

Loch

Lippe

Wasser

Steinschleuder

Korken

Regen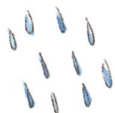

Stein

Schmied

Tasche

Ohren

Apfel

Füße

Stirn

Socken

Bauch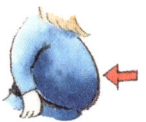

**Sarah Bosse,**
geboren 1966 in Düsseldorf, lebt heute mit ihrer
Familie im Münsterland. Sie studierte Germanistik und
Skandinavistik. Seit dem Examen arbeitet sie als freie
Kinderbuchautorin und Übersetzerin. Mittlerweile sind
über vierzig Bücher von ihr erschienen.


**Uli Waas**
wurde in Donauwörth geboren und hat in München
an der Akademie der bildenden Künste Malerei und
Grafik studiert. Seit vielen Jahren zeichnet und malt sie
Bilderbücher und Adventskalender für Kinder in Acryl-
und anderen Wasserfarbentechniken. Ihre Illustrationen
entstehen ganz ohne Computertechnik, sozusagen
„freihand". Am liebsten illustriert sie Alltagsgeschichten,
in denen Kinder und Tiere vorkommen. Uli Waas ist
verheiratet und hat eine Tochter und einen Sohn.

Sarah Bosse / Uli Waas

# Der kleine Pirat und die geheimnisvolle Schatzinsel

Arena

Der  ist richtig sauer!

Schon wieder fährt der

mit dem aufs hinaus,

um einen zu suchen.

„Aber du kannst nicht mit", sagt der ,

„du bist ja noch so klein,

wie eine !"

Das findet der  gemein und protestiert:

„Vielleicht bin ich klein wie eine ,

aber ich bin stark wie ein  !"

Der  hört ihn aber nicht mehr,

denn sein  ist schon losgesegelt.

„Sei nicht traurig,  ",

tröstet die  .

„Der  kommt bald wieder."

„Mir doch egal!", schimpft der  .

Der  hockt wütend am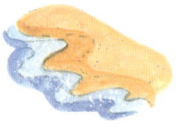

und sieht dem  nach.

„, wenn du größer bist,

darfst du auch mit dem  fahren",

verspricht die  .

„Ich will aber jetzt mit!", ruft der  ,

„ich kann toll mit dem 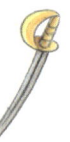 kämpfen,

und klettern kann ich wie ein  ."

„Komm ins ", sagt die .

„Nein!", ruft der trotzig.

„Ich bin ein gefährlicher

und werde aufs hinaussegeln und

auf einem  tolle Abenteuer erleben.

Ihr werdet schon sehen!"

Die  schüttelt nur den .

Der  läuft am entlang,

bis er zum kommt.

Dort hat ein riesiges festgemacht.

Es ist schwarz und hat einen , höher

als ein , und vorn weht die  .

Der staunt.

So ein großes hat er

noch nie zuvor gesehen.

Als es dunkel ist und der  scheint,

schleicht sich der  leise

aus dem  und flitzt zum  .

Er sieht sich um, und dann klettert er

auf das große  .

Der  spürt, wie sein  pocht.

Keiner darf ihn sehen! Dort ist eine  !

Schnell schlüpft der  hinein.

Hier stehen  und  .

 ist darin und viele rote  .

An einem  hängen  und  .

Der 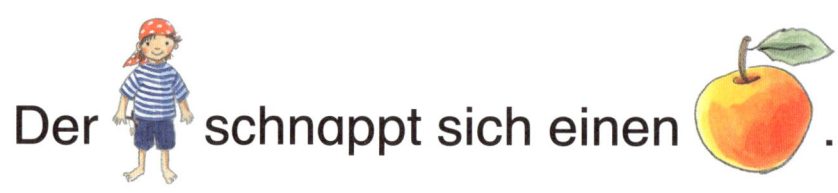 schnappt sich einen 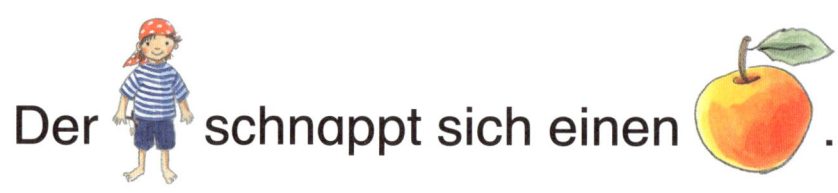.

Schon bald ist er eingeschlafen.

Plötzlich wacht der  auf.

Die  scheint durch das .

„Juhu!", jubelt der .

„Wir segeln schon auf dem  !"

Da poltert jemand die  herunter!

Es ist der .

Schnell versteckt sich der .

Zu spät! Der   hat ihn entdeckt.

Er hält den   am   fest

und droht ihm mit dem   .

„Du willst wohl meine 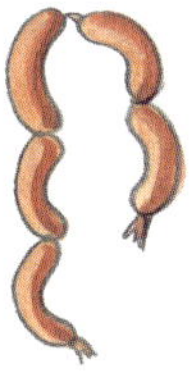  klauen!"

„N-n-nein!", stottert der arme   .

„Ich will doch nur hinaus aufs

wie ein echter, mutiger  ."

Da muss der  furchtbar lachen.

„Das hast du geschafft", sagt der  .

„Was mach ich nur mit dir?

Nach  kann ich dich nicht schicken.

Wir sind mitten auf dem  ."

Aber der  weiß es:

„Ich kann doch in der  helfen!"

Der  überlegt und sagt schließlich:

„Na gut. Du kannst  schneiden.

Aber der  darf dich nicht entdecken."

„Warum denn nicht?", fragt der  .

„Der  ist gefährlich",

sagt der  und schaut sehr ernst.

„Und er kann  nicht leiden."

Der  schluckt und sagt:

„Okay, ich bin leise wie eine  ."

Dann muss der  stundenlang

so viele   klein schneiden,

dass ihm die 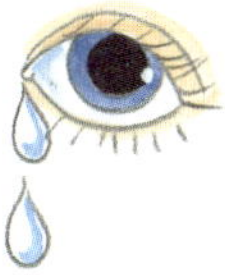  übers   laufen.

Auf dem   hatte er es sich anders

vorgestellt.

Tagelang sind sie unterwegs.

Langsam wird der  ungeduldig.

Er mag sich nicht immer in der

verstecken und  schneiden.

Sein  kribbelt wie tausend  !

Also schleicht der  blitzschnell und

leise die  hinauf.

Die  flattern am riesigen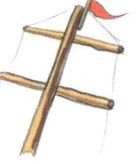

und die  kreischen.

Da! Der gefährliche  steht am  !

Schnell versteckt sich der

hinter dem dicken  und spitzt die  .

Einige  klettern den  hinauf.

Sie sollen mehr   setzen.

„Schneller, ihr lahmen  !", knurrt

der  .

Das  schaukelt heftig auf den  .

Der  droht mit der  .

„Es muss schneller gehen, dallidalli!"

Der  rutscht hin und her.

Er klammert sich an den 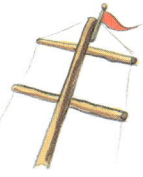 und denkt:

Wenn nur der  mich nicht entdeckt!

Plötzlich wird dem  mächtig schlecht

und er rennt zur  .

„Halt! Was sehe ich da für einen  ?",

brüllt der  .

Der   wird rot wie eine  .

„Packt den  und werft ihn ins ⁓ !",

schreit er zornig.

Der 👦 spürt, wie seine 💪

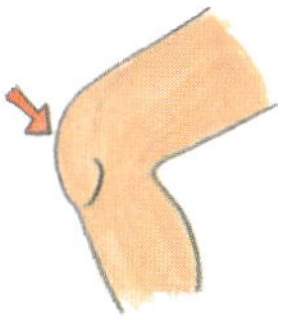

weich werden wie 🍮 .

Doch plötzlich schreit der  oben

im  : „Eine  ! Dort drüben!"

Sofort reißt der  das  vors 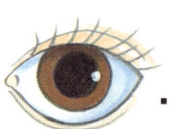 .

Bloß weg hier!, denkt der  ,

flitzt die  hinunter

und versteckt sich hinter dem  .

Als der  durch das  scheint,

traut sich der  wieder vor.

Sie haben die  fast erreicht.

Ob alle  schlafen? Auf huscht

der die hinauf.

Die lassen ein hinab

und rudern zur 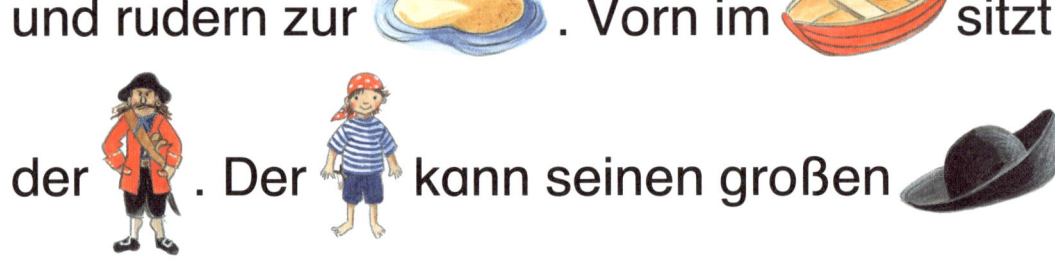 . Vorn im sitzt

der . Der kann seinen großen

erkennen.

Die wollen wohl den  klauen,

denkt der  ganz aufgeregt.

Ich warte hier, denn den  will ich

sehen.

Bestimmt sind es  voller .

Kurz darauf kommt das  zurück.

Tatsächlich! Die  tragen

auf das .

Dann fahren sie wieder zur

und wieder und immer wieder!

Der  staunt. Bald sind

so viele  auf dem ,

dass er sie nicht mehr zählen kann.

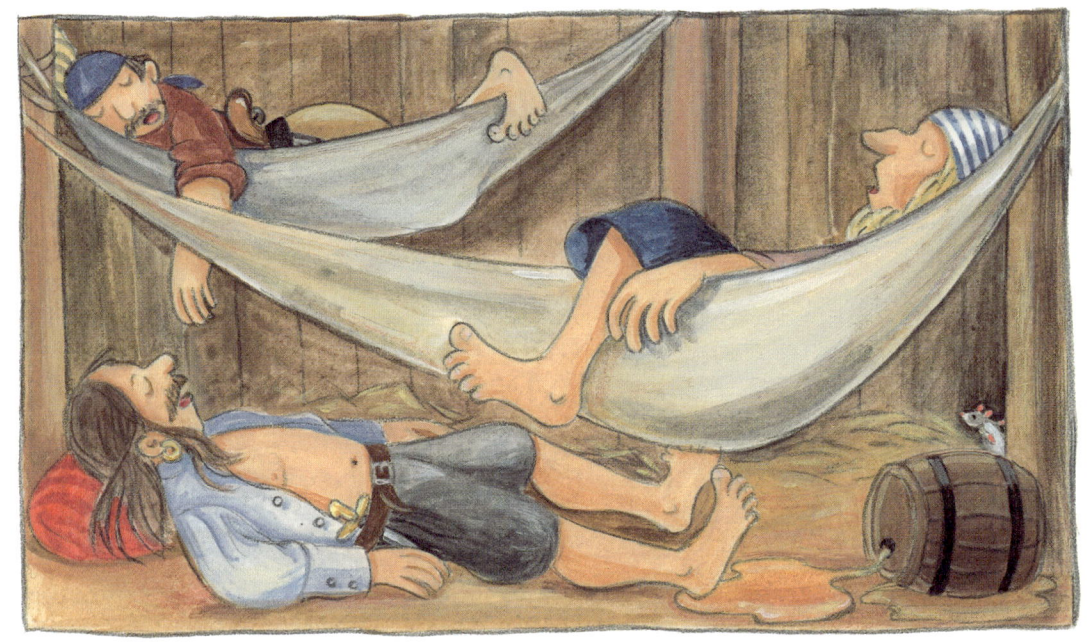

Die  sind müde und gähnen.

Der  spendiert ihnen noch

ein kleines  , dann schlafen sie.

Endlich kann der  den  betrachten!

Vorsichtig öffnet er eine  .

Doch was sieht er da?

Statt kostbarer glänzender  ist

in der 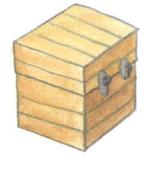 nichts als  !

„Das soll einer verstehen",

flüstert der  .

Auch in der nächsten  sind nur  .

Ein merkwürdiger  .

Allmählich geht die  wieder auf.

Der  steht schon früh am

und schwingt den  .

Der  lacht böse. „Ha, damit

haben die  nicht gerechnet!

Ihren  haben sie bewacht,

aber ihre  nicht.

Und ohne die  werden sie

verhungern." Der lässt

seinen aufblitzen:

„Sie werden den freiwillig

gegen die eintauschen, ha!"

Die jubeln und recken die .

„Es lebe unser !"

Gemein!, denkt der . So hatte sich

der das nicht gedacht.

Mit einer einen suchen

oder andere überfallen,

das ist toll. Aber einfach klauen?

Wie feige! Die  stehen am

und schimpfen.

„Hoho, ihr mickrigen !", brüllt der .

„Wollt ihr eure ?

Holt sie euch doch!"

Plötzlich entdeckt der  ein anderes

draußen auf dem  . Es ist der  !

Der kommt gerade zur rechten  .

Platsch! Mutig springt der  ins

und schwimmt zur  hin.

„Da ist der lästige kleine , packt ihn!",

brüllt der .

Aber der  ist schneller als die .

Der  rennt den  entlang und winkt.

„, komm und hilf!", schreit er,

so laut er kann. „Der  hat

alle  geklaut! Du musst was tun!"

Der 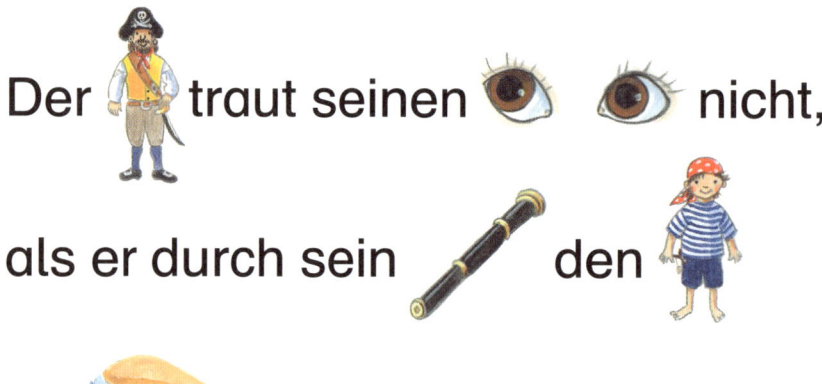 traut seinen 👁 👁 nicht,

als er durch sein 🔭 den 🧒

am 🏖 stehen sieht.

„Ganz schön mutig", stellt er stolz fest.

„Macht die 💣 klar!", befiehlt der 🏴‍☠️ .

Wumm! Als die   im  aufschlägt,

fangen die  an zu jammern.

„Los, rückt die   raus!", schreit der  .

Platsch! Die zweite  landet im  .

„Pah, ihr betrunkenen !",

ruft der   zu ihnen hinüber.

„J-j-jawohl, betrunkene ",

stammeln die  .

Und als die dritte   ins   kracht,

hieven sie die   mit den

einfach über die  .

Der  tobt nun wie ein wilder

und brüllt: „Ihr seid dumme !"

Die  stehen immer noch am .

„Worauf wartet ihr?", ruft der .

„Ab in die ! Holt die  wieder!"

Die  rudern wie wild.

Bald haben sie alle

an den  geschafft.

Dort steht auch der  .

„Klein wie eine  bist du,  ",

sagt er stolz. „Aber mutig wie ein  !"

„Jetzt aber ab nach  ", sagt der  .

„Die  vermisst dich sicher."

Die glücklichen  sagen Danke und

schenken ihnen leckere  für unterwegs.

Lange stehen sie am  und winken.

„Einen   suchen ist bestimmt toll",

sagt der  . „Aber einen -

zurückgeben ist viel toller."

# Wörter zu den Bildern

kleiner Pirat

Säbel

Piratenpapa

Affe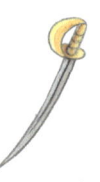

Schiff

Haus

Meer

Pirat

Schatz

Kopf

Mücke

Hafen

Bär

Piratenschiff

Piratenmama

Mast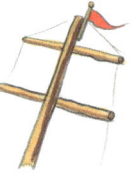

Strand

Piratenflagge

Mond

Sonne

Herz

Bullauge

Luke

Treppe

Kiste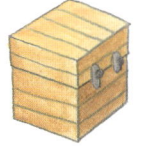

Schiffskoch

Fässer

Hemd

Brot

Kochlöffel

Apfel

Küche

Balken

Zwiebeln

Schinken

Piratenkapitän

Würstchen

Kinder

Maus

Matrose

Tränen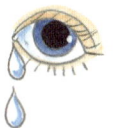

Säcke

Gesicht

Wellen

Bauch

Faust

Bienen

Reling

Segel

Zwerg

Möwen

Tomate

Steuerrad

Knie

Tau

Pudding

Ohren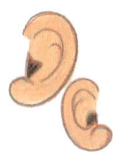

Ausguck

Insel

Fernrohr

Auge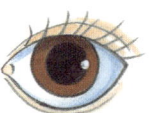

Ofen

Zehen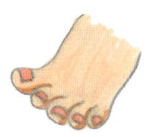

Boot

Hut

Goldmünzen

Rumfässchen

Bananen

Insulaner

Goldzahn

Schatzkarte

Zeit

Augen

Kanone

Kugel

Angsthasen

Nüsse

Löwe

### Frauke Nahrgang

wurde 1951 in Stadtallendorf geboren, wo sie auch heute noch lebt. Als Grundschullehrerin beschäftigte sie sich viele Jahre intensiv mit dem Erstleseunterricht. Auch als Kinderbuchautorin hat sie sich einen Namen gemacht und veröffentlichte zahlreiche Bilderbücher und Bücher für Erstleser.

### Sonja Egger

wurde 1967 in Graz geboren. Sie studierte das Fach Bühnenbild an der Universität für Darstellende Kunst in Wien und absolvierte eine Grafik-Ausbildung. Seit vielen Jahren ist sie als freischaffende Illustratorin für verschiedene Verlage tätig.

# Frauke Nahrgang / Sonja Egger

# Das kleine Schlossgespenst lernt spuken

Arena

In einem einsamen

lebt schon sehr lange

ein kleines  .

Auch die kluge  , die flinken

und die fleißige  leben dort.

Und natürlich die Gräfin  .

Alle lieben das  .

Nur die  würde lieber

in der großen  wohnen.

Einmal klopft es an die  .

Neugierig spähen das  ,

die  , die  und die

über die  .

Draußen stehen Baron von Zack

und sein

mit einem  voller  .

 sagt:

„Ich möchte das  kaufen."

Die  wackelt nachdenklich

mit dem  und sagt:

„Aber hier gibt es ein  ."

„Ich liebe  !",

ruft   .

Da ist die  einverstanden.

Sie nimmt den  mit dem  ,

steigt in ihr  und braust davon.

Das kleine  will

 freundlich begrüßen.

Doch die  packt es am

und sagt:

„ sieht aus

wie ein fieser ."

„Und sein  wie

ein gefährlicher ",

piepsen die  ängstlich.

 flüstert seinem  etwas zu.

Misstrauisch spitzt die

die  .

„Ich sperre es in eine .

Dann ist es ein .

 sind sehr wertvoll",

sagt .

„Er will unser kleines  fangen",

berichtet die  erschrocken.

Das kleine

traut seinen   nicht.

Nein, ein

möchte das  nicht sein.

Leise wie ein

schwebt es hinauf in den

und versteckt sich in einem 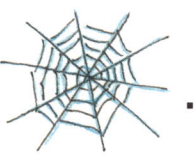 .

 und sein

steigen hinauf in den .

 tastet jede 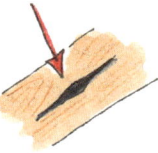 ab.

Der  schnüffelt in jede 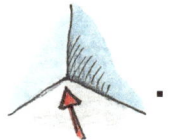.

Dem armen  schlottern die .

Da stößt der  mit seiner

ans  . Hatschi!

Das  zerreißt.

Der  schnappt zu.

Ui, so spitze  !

Das  kann gerade noch entwischen.

Fort! Nur fort aus diesem  !

Fort von

und seinem schrecklichen  !

Schneller als der

fliegt das  davon.

Endlich verschnauft es auf einem   .

Ich armes  !, denkt das kleine  .

Mein  sehe ich nie mehr wieder.

Und auch nicht die  ,

die  und die  .

Das  schlägt die 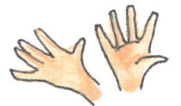 vors

und weint dicke  .

Plötzlich zieht jemand an seinem  .

Etwa  ?

Nein, unter dem

steht ein  .

Das  fragt freundlich:

„Was ist los, kleines  ?"

Das   sieht lieb aus.

Da trocknet das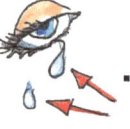

seine  .

Es schwebt vom

und erzählt vom bösen

und von seinem gemeinen  .

Wütend ballt das  die  .

„Ich kann nie mehr zurück ins  ",

sagt das kleine  traurig.

„Ich ziehe hinaus in die  ."

Aber das  sagt:

„Das kommt nicht in die  !

Ein  gehört in sein  .

Und  machen wir

gleich mal  unter dem 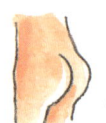 .“

Das  versteckt das

in seiner

und macht sich auf den  zum  .

Auf 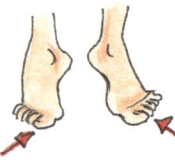 schleicht es über die  .

Auf der  hockt die 🦉.

Traurig lässt sie den 👦 hängen.

Da schlüpft das 👻

aus der 👜 und winkt.

„Juhu!"

Überglücklich nimmt die

das  in ihre  .

Eine  kommt angetrippelt.

„Im  steht eine ",

berichtet sie.

„Darin will

unser  fangen."

„Ich habe eine  !",

ruft das  .

„Die

muss uns helfen."

Eilig webt die

ein  in die 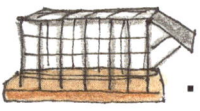 .

Der  scheint durch das  .

Da leuchtet das

wie ein echtes  .

„Pack zu,  !",

ruft  begeistert.

Sofort steckt der  seine

in die 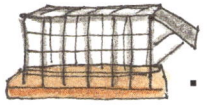 .

Rums – schnappt die  zu.

Der  mault:

„Ich jage keine  mehr!"

„Du bist ein  !",

schimpft  .

Da ist sein  beleidigt

wie eine  .

Er rollt seinen  ein

und stolziert aus dem  .

Wütend brüllt  :

„Ich erwische das

auch ohne den feigen  !"

Das  grinst.

„Wetten, dass  bald selber

ein  ist?", flüstert sie.

In der alten

steht eine rostige  .

Das  schlüpft hinein

und stülpt sich den  über den  .

Pst!

Schwere  nähern sich

auf der  .

Dann knarrt die  .

Schnell nimmt die

das

unter ihre  .

Schon steht

in der  .

Plötzlich dröhnt es aus der  :

„He, du Dumm- !

Was willst du im  ?

Soll ich dir den 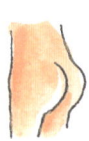 versohlen?"

Drohend schwingt die

ihr 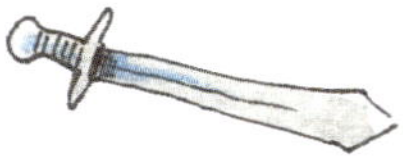  .

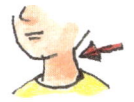 flüchtet  über  .

Er hat die 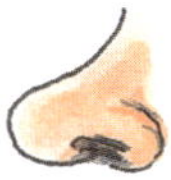 voll.

„Juhu!", jubelt die  .

„Juhu!", jubeln die

und die  und das  .

„Der böse  ist weg!"

Das  grinst von einem   zum anderen.

„Deshalb feiern wir jetzt

ein großes  ", sagt es.

Mit  und

feiern alle bis in die  .

Dann muss das  nach  .

Es gibt dem  einen  und sagt:

„Ruf mich, wenn wieder ein  kommt."

Da sagt das

glücklich zum  :

„Klar, zusammen werden wir

mit allen  fertig."

# Wörter zu den Bildern

Schloss

Baron von Zack

Gespenst

Kater

Eule

Koffer

Maus

Geld

Spinne

Kopf

Gräfin

Auto

Stadt

Kragen

Tür

Schurke

Schlossmauer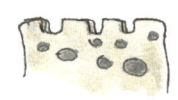

Tiger

Ohr  Zähne

Flasche  Wind

Flaschengeist  Baum

Schmetterling  Hände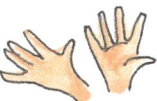

Turm  Gesicht

Spinnennetz  Tränen

Ritze  Kleid

Ecke 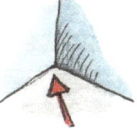 Mädchen

Knie 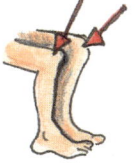 Faust

Nase  Welt

145

Tüte

Idee

Feuer

Mond

Po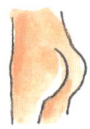

Fenster

Tasche

Angsthase

Weg

Leberwurst

Zehenspitzen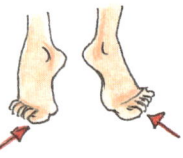

Schwanz

Zugbrücke

Bibliothek

Flügel

Rüstung

Keller

Helm

Mausefalle

Schritte

Treppe

Kuchen

Schwert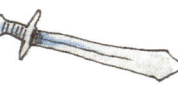

Nacht

Hals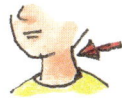

Haus

Fest

Kuss

Saft

## Mein LeseBilderbuch

**Antons Abc-Abenteuer**
978-3-401-71562-9

**Die kleine Waldfee
und die Zauberblume**
978-3-401-71633-6

**Ferdinand, der kleine
Feuerwehrmann**
978-3-401-71648-0

**Juli Löwenzahn**
Zwei Freunde und das
größte Abenteuer der Welt
978-3-401-71649-7

**Jeder Band:** Ab 5 Jahren • *Mein LeseBilderbuch* • Durchgehend farbig illustriert • 56 Seiten • Gebunden • Format 17,5 x 24,6 cm

**Mit Bücherbärfigur
am Lesebändchen**

Bilder ersetzen Namenwörter

Große Fibelschrift

Viele farbige
Bilder

Innenseite aus *»Vom kleinen Igel, der lieber
ein ganz Großer wäre«* 978-3-401-70560-6

Mit Bildern ganz spielerisch lesen lernen! In spannenden Geschichten um eine liebenswerte Figur können schon Kindergarten- und Vorschulkinder von Bild zu Bild mitlesen. So prägen sich Wörter leicht ein und das Lesenlernen macht Spaß!

**Empfohlen von** *westermann*